HISTOIRE

DU

COMTE DE CHAMBORD

(HENRI DE FRANCE)

Par M. X. DE FITJAC.

PRIX : **20** CENTIMES

PARIS

CHEZ WAILLE, LIBRAIRE-ÉDITEUR, RUE CASSETTE, 6.

1849

A.

HISTOIRE

DU

COMTE DE CHAMBORD

(HENRI DE FRANCE).

HISTOIRE

DU

COMTE DE CHAMBORD

(HENRI DE FRANCE)

Par M. X. DE FITJAC.

PARIS

CHEZ WAILLE, LIBRAIRE-ÉDITEUR, RUE CASSETTE, 6.

—

1849

PRÉFACE.

En offrant à la nation française la *Vie du Comte de Chambord*, nous n'avons pas l'intention de faire un appel aux passions politiques déjà trop frémissantes : on peut, sans être ni tribun, ni pamphlétaire, ni perturbateur de l'ordre public, écrire l'histoire du passé, du présent même, avec calme et sans aucun autre dessein que celui de dire honnêtement la vérité.

Celui dont nous retraçons la biographie nous flétrirait, si, sous un masque quelconque, nous venions abuser de son nom pour troubler la France et aggraver ainsi le malheur du peuple.

HISTOIRE

DU

COMTE DE CHAMBORD

(HENRI DE FRANCE).

CHAPITRE I.

Naissance du Prince.

Le 13 février 1820 fut un jour de deuil pour la France entière. Le duc de Berry, frappé par le poignard de Louvel, expirait sans laisser un fils qui pût perpétuer la race des Bourbons; mais la divine Providence réservait une consolation à l'auguste mourant : Marie-Caroline, son épouse, allait bientôt devenir mère, et le sein de cette femme infortunée devait peut-être donner le jour à un rejeton digne du chevaleresque et débonnaire Henri IV....

On ne lira pas sans intérêt les pages touchantes que cette catastrophe a fait éclore, sublimes et lamentables, sous la plume de Chateaubriand ; et, puisque la tombe du père fut le berceau du fils, il faut laisser ce berceau avec tout son cortége de larmes, de sanglots, de douleur et d'espérance.

« Le duc de Berry, dit l'illustre auteur des *Martyrs*, tenait la main de M. Dupuytren, et le priait de l'avertir lorsqu'il sentirait le pouls remonter ou s'affaisser : vigilant capitaine, il posait une sentinelle expérimentée pour n'être pas surpris par la mort, et pour s'avancer courageusement au-devant de ce grand ennemi : *Mors, ubi est victoria tua?*

« Dans cet intervalle de repos, il adressa ces paroles à madame la duchesse de Berry : « Mon amie, ne vous laissez pas accabler par la douleur ; ménagez-vous pour l'enfant que vous portez dans votre sein. » Ce peu de mots fit un effet surprenant sur l'assemblée ; en présence de la douleur, on sent naître malgré soi un sentiment de joie ; l'attendrissement redouble en même temps pour le prince qui laisse à la patrie pour dernier bienfait cette dernière espérance. Il s'en va, ce prince, il semble emporter avec lui toute une monarchie, et à l'instant même il en annonce une autre. O Dieu! feriez-vous sortir notre salut de notre perte même? La mort cruelle d'un fils de France a-t-elle été résolue dans votre colère ou dans votre miséricorde? Est-elle une dernière restauration du trône légitime, ou la chute de l'empire e Clovis? Le prince a-t-il fui l'avenir, ou est-il allé en solliciter un plus favorable pour nous auprès de celui qui laisse quelquefois désarmer sa colère?

« Le prince répéta que le poignard était empoisonné. Quelque temps auparavant, il avait demandé à voir son assassin. « Qu'ai-je fait à « cet homme? répétait-il; c'est peut-être un « homme que j'ai offensé sans le vouloir. » — « Non, mon fils, lui répondit Monsieur, vous n'avez vu, vous n'avez jamais offensé cet homme; il n'avait contre vous aucune haine personnelle. » — « C'est donc un insensé! » repartit le prince. O digne enfant de l'Évangile, vous mettiez en pratique le dernier conseil du saint roi de France à son fils : « Si Dieu t'envoie l'adversité, reçois-la bénignement! » Il s'informait souvent de l'arrivée du roi. « Je n'aurai pas le temps, disait-il, de demander grâce pour la vie

de l'homme. » Il ajoutait après, s'adressant tour à tour à son père et à son frère : « Pro-
« mettez-moi, mon père, promettez-moi, mon
« frère, de demander au roi la grâce de la vie
« de l'homme. »

« Cependant on étendit le prince sur un ma-
telas à terre, tandis qu'on remuait sa couche.
Ce fut là qu'il se confessa, d'abord en particu-
lier à Monseigneur l'évêque de Chartres, et
qu'il fit ensuite à haute voix un aveu public de
ses fautes; on aurait cru voir saint Louis expirant sur son lit de cendre. Il demanda pardon à
Dieu de ses offenses et des scandales qu'il avait
pu donner. « Mon Dieu, ajouta-t-il, pardonnez-
« moi, pardonnez à celui qui m'a ôté la vie ! » Il
demanda ensuite à son père sa bénédiction.
« *Lors le doux père remit et pardonna au fils*
« *les défauts et courroux, et, avec merveilleuse*
« *ferveur de foi, lui donna sa bénédiction, et,*
« *outre, ses saints baisers, le salua et à Dieu le*
« *recommanda.* » Ces princes trouvaient tous
les exemples dans leur famille.

« Alors le curé de Saint-Roch, que M. de
Clermont avait été chercher, arriva avec les
saintes huiles; partout où l'on trouve une douleur, on rencontre un prêtre chrétien. Mgr le
duc de Berry demanda le viatique; l'évêque de
Chartres lui dit avec un vif regret que les vo-

missements s'y opposaient. Le prince se résigna, fit un signe de croix, et attendit l'extrême-onction. Il commença son *Confiteor*, et frappa comme un coupable d'une main pénitente ce lieu que le poignard semblait n'avoir ouvert que pour en faire sortir les innocents secrets, et d'où il ne s'écoulait que des vertus avec le sang de saint Louis.

«Le prince voyait s'approcher sa dernière heure; il ressentait des douleurs cruelles, et tombait à tout moment en défaillance. On l'entendait répéter à voix basse : « Que je souffre ! Que cette nuit est longue! Le roi vient-il?» Il appelait souvent son père; et son père, étouffant ses sanglots, lui disait : « Je suis là, mon ami. » On lui apprit que les maréchaux étaient arrivés. « J'espérais, répondit-il, verser mon sang au milieu d'eux pour la France. » Dévoré d'une soif ardente, il ne buvait qu'à regret, et seulement pour se soutenir jusqu'à l'arrivée du roi. On lui annonça M. de Nantouillet : « Viens, mon bon Nantouillet; mon vieil ami, « s'écria-t-il en faisant un effort, que je t'em-» brasse encore une fois! » *Le vieil ami* se précipita sur la main du prince, et sentit amèrement l'impuissance de l'homme à racheter de ses jours les jours qu'il voudrait sauver.

« Les compagnons de M. de Nantouillet,

M. le comte de Chabot, M. le marquis de Coigny, M. le comte de Brissac, M. le vicomte de Montélégier, M. le prince de Beaufremont, M. Eugène d'Astorg, étaient accourus; ils se pressaient auprès du prince expirant, comme ils l'auraient environné au champ d'honneur. Leur douleur était partagée par les loyaux serviteurs attachés au reste de la famille royale. M. le marquis de Latour-Maubourg se tint constamment debout au pied du lit de Mgr le duc de Berry; ce guerrier, qui avait laissé une partie de son corps sur des champs de bataille, était là comme un noble témoin envoyé par l'armée pour assister au dernier combat d'un héros.

« Nuit d'épouvante et de plaisir! nuit de vertus et de crimes! Lorsque le fils de France blessé avait été porté dans le cabinet de sa loge, le spectacle durait encore. D'un côté, on entendait les sons de la musique, de l'autre les soupirs du prince expirant; un rideau séparait les folies du monde de la destruction d'un empire. Le prêtre qui apportait les saintes huiles traversa un groupe de masques. Soldat du Christ, armé, pour ainsi dire, de Dieu, il emportait d'assaut l'asile dont l'église lui interdisait l'entrée, et vint, le crucifix à la main, délivrer un captif dans la prison de l'ennemi.

« Une autre scène se passait près de là : on interrogeait l'assassin. Il déclarait son nom, s'applaudissait de son crime ; il déclarait qu'il avait frappé Mgr le duc de Berry pour tuer en lui toute sa race ; que si lui, meurtrier, s'était échappé, il serait allé se coucher, et que le lendemain il eût renouvelé son attentat sur la personne de Mgr le duc d'Angoulême. Se coucher ? pour dormir, malheureux ! Votre bienveillante victime avait-elle jamais troublé votre sommeil ? Dans la suite de son interrogatoire, cette brute féroce, sans attachement même sur la terre, a déclaré que Dieu n'était qu'un nom ; qu'elle n'avait d'autre regret que de n'avoir pas sacrifié toute la famille royale. Et le prince expirant, plein de tendresse et d'amour, n'a d'autre regret que de ne pouvoir sauver la vie de son meurtrier, et il n'accuse personne, et sa rigueur ne retombe que sur lui-même. Ce prince, qui sait que Dieu n'est pas un mot, tremble de comparaître au tribunal suprême ; le martyre lui ouvre les portes du ciel, et il ne se croit pas assez pur pour aller rejoindre le saint Roi et le Roi martyr ; il ne peut trouver dans son innocence l'assurance que l'assassin trouve dans son crime. Voilà les hommes, tels que la révolution les a faits, et tels que la religion les faisait autrefois.

« La foule s'était écoulée du spectacle; le plaisir avait cédé la place à la douleur; les rues devenaient désertes, le silence croissait; on n'entendait plus que le bruit des gardes et celui de l'arrivée des personnes de la cour; les unes, surprises au milieu des plaisirs, accouraient en habits de fête; les autres, réveillées au milieu de la nuit, se présentaient dans le plus grand désordre. Çà et là se glissaient quelques obscurs amis des Bourbons qu'on ne voit point dans les temps de prospérité et qui se retrouvent, on ne sait comment, au jour du malheur. Les passages conduisant à l'appartement du prince étaient remplis, on se pressait à ces mêmes portes où l'on s'étouffe pour rire ou pour pleurer aux fictions de la scène. On cherchait à découvrir quelque chose lorsque les portes venaient à s'ouvrir; on interrogeait ses voisins, et, par des nouvelles subitement affirmées, subitement démenties, on passait de la crainte à l'espérance, de l'espérance au désespoir.

« Trois bulletins avaient été portés aux Tuileries. A cinq heures le roi arriva; on l'avait toujours rassuré sur la position du prince. Le mourant, qui avait entendu le bruit des chevaux dans la rue, parut revivre. Le roi entra. « Mon oncle, dit aussitôt monseigneur le duc « de Berry, donnez-moi votre main, que je la

« baise une dernière fois. » Le roi s'avança,
son visage exprimait cette majestueuse douleur que ressentit Louis XIV lorsqu'il vit l'espoir de la monarchie reposer sur la tête d'un
enfant. Il donna sa main à baiser à son neveu
et baisa lui-même celle du prince infortuné.
Alors Mgr le duc de Berry dit au roi : « Mon
« oncle, je vous demande la grâce de la vie de
« l'homme. » Le roi, profondément ému, répondit : « Mon neveu, vous n'êtes pas aussi mal que
« vous le pensez; nous en reparlerons. » —
« Le roi ne dit pas oui, reprit le prince en in-
« sistant. Grâce au moins pour la vie de
« l'homme, afin que je meure tranquille! »

« Revenant encore sur le même sujet, il disait : « La grâce de la vie de cet homme eût
« pourtant adouci mes derniers moments. »
Enfin, lorsqu'il ne pouvait déjà parler que d'une
voix entrecoupée, et en mettant un long intervalle entre chaque mot, on l'entendait dire:
« Du moins, si j'emportais l'idée... que le sang
« d'un homme ne coulera pas pour moi après
« ma mort. » Le Roi demanda en latin à M. Dupuytren ce qu'il pensait de l'état du prince.
M. Dupuytren fit un signe qui ne laissa au monarque aucune espérance.

« Mgr le duc de Berry avait pourtant ras-
semblé le reste de ses forces sous les yeux du

chef de son illustre maison. Le pouls s'était ra-
nimé, la parole était plus libre, l'étouffement
moins violent. Le prince s'inquiéta du mal
qu'il avait pu faire au roi en troublant son
sommeil. Il le supplia de s'aller coucher.
« Mon enfant, répondit le Roi, j'ai fait ma nuit,
« il est cinq heures. Je ne vous quitterai plus. »
Le jour, en effet, était venu pour éclairer un si
beau trépas : le prince allait se réveiller parmi
les anges, au moment où, parmi les hommes,
il avait été accoutumé de sortir du sommeil.

«Monseigneur ne s'était point abusé sur le
soulagement apporté à son état par la vertu de
la présence du Roi, qui ranime toujours un
cœur français. Il sentit approcher une défaillance, et dit : « C'est ma fin. »

« Madame la duchesse de Berry, qui depuis
si longtemps faisait violence à sa douleur, la
laissa enfin éclater. « Ses sanglots me tuent,
s'écria le prince, emmenez-la, mon père. » On
entraîna la princesse dans le cabinet voisin.
Toutes les dames attachées à sa maison, madame la duchesse de Reggio, madame la comtesse de Béthizy, madame la comtesse d'Haute-
fort, madame la comtesse de Noailles, madame
la comtesse de Bouillé, madame la vicomtesse
de Gontaut, l'environnèrent. La princesse fut
un peu soulagée par ses larmes ; elle promit de

ne plus pleurer et rentra dans l'appartemen
du prince.

« Si, dans quelque partie de l'Europe civili
sée, on eût demandé à un homme un peu ac
coutumé aux choses de la vie, ce que faisait
cette heure la famille royale de France, il eû
répondu sans doute qu'elle était plongée dan
le sommeil au fond de ses palais, ou que, sur
prise par une révolution, elle était entraîné
au milieu d'un peuple ému. Non : tout ce peu
ple dormait sous la garde de son roi, et le ro
veillait seul avec sa famille ! Après tant de scè
nes produites par la révolution, nul n'aurai
imaginé d'aller chercher tous les Bourbon
réunis au lever de l'aube, dans une salle d
spectacle déserte, autour du lit de leur dernie
fils assassiné. Heureux l'homme ignoré d
monde, qui se réveille dans une chaumière, a
milieu de ses enfants que ne poursuit point l
haine, et dont aucun ne manque aux embras
sements paternels ! A quel prix faut-il mainte
nant acheter les couronnes, et qu'est-ce au
jourd'hui qu'un empire ?

« Tout espoir s'évanouissait ; les symptôme
les plus alarmants étaient revenus. Le découra
gement des médecins était visible : la mor
ar... . Le prince demanda à être changé de
côté ; les médecins s'y opposèrent ; le prince

insista. On l'entendit prononcer ces mots : « Vierge sainte, faites-moi miséricorde ! » Il ajouta quelques autres paroles qui se sont perdues dans la tombe. Alors on le tourna sur le côté gauche, selon son désir; dans un instant les facultés intellectuelles s'évanouirent. Monsieur parvint à arracher une seconde fois sa fille à l'horreur de ce dernier moment. On présenta en vain à la bouche du prince le verre qui couvrait la tabatière du roi, la vapeur de la vie ne parut point sur le verre; le souffle que l'on cherchait était retourné à Dieu. Tout tombe à genoux : des sanglots et des prières s'élèvent vers le ciel. Le bruit des larmes se communique au dehors, et un murmure de douleur s'étend de proche en proche dans la foule qui environnait l'appartement du prince.

« Les princes prièrent alors le Roi de s'éloigner. « Je ne crains pas le spectacle de la mort, « reprit le monarque; j'ai un nouveau devoir « à rendre à mon fils. Appuyé sur le bras de M. Dupuytren, il s'approche du lit, ferme les yeux et la bouche du prince, lui baise la main, et se retire sans proférer une parole. Chacun s'éloigne en silence, comme s'il eût craint de réveiller le fils de France endormi. »

Ainsi parle Chateaubriand; ainsi se révèlent, à l'heure la plus imposante de la vie, la bonté d'âme, le noble caractère, le courage, la tendresse du duc de Berry, prince un peu trop porté au plaisir, si l'on veut, un peu vif, un peu impatient même, mais aussi prince qui avait *le cœur sur la main*, et qui consacrait presque toute sa fortune à soulager les ouvriers et les artistes.

Tel fut le père du comte de Chambord ; mais, avant de voir s'accomplir l'espérance qu'il avait emportée dans la tombe, il nous faut encore traverser de terribles épreuves.

Le parti qui avait armé le bras de Louvel ne se tint point pour battu. Il avait tué le père, il voulut tuer l'enfant dans les entrailles mêmes de la mère.... C'est dans ce but qu'une forte explosion eut lieu dans la nuit du 28 au 29 avril 1820, sous les fenêtres de l'appartement occupé, aux Tuileries, par la duchesse de Berry ; une violente émotion devait naturellement amener une fausse couche, mais la princesse répondit à cette infâme tentative de ses ennemis par le plus admirable courage : — « Le sang de Louis XIV et de « Marie-Thérèse, dit-elle, coule dans mes « veines; on ne parviendra pas à m'effrayer ! »

Louis XVIII avait décidé que si la duchesse avait un fils, il recevrait le titre de DUC DE BORDEAUX, pour rendre hommage aux sentiments royalistes qui avaient distingué cette ville en 1814 et 1815.

Les vœux du roi furent exaucés.

Le jour de la fête de l'archange saint Michel, qui terrassa le démon, le 29 septembre 1820, vers deux heures et demie du matin, Louis XVIII frottait avec une gousse d'ail les lèvres d'un nouveau-né et lui faisait boire une goutte de vin de Jurançon. L'enfant, ondoyé par Monseigneur de Bombelles, évêque d'Amiens, recevait les noms de HENRI-CHARLES-FERDINAND-MARIE-DIEUDONNÉ D'ARTOIS, DUC DE BORDEAUX.

A cinq heures du matin, un premier coup de canon annonça cette grande nouvelle au peuple de Paris ; au treizième coup, impatiemment attendu, car on ne devait en tirer que douze pour la naissance d'une princesse, les témoignages de l'allégresse publique éclatèrent de toutes parts : une foule d'ouvriers qui se rendaient à leurs travaux et de citoyens accourus des différents quartiers de la capitale, se porta aux Tuileries pour s'assurer de la réalité de cette grande nouvelle.

« *Mes enfants*, leur dit le roi, *votre joie*
« *centuple la mienne ; il nous est né un*
« *enfant à tous. Cet enfant sera un jour*
« *votre père, il vous aimera comme je*
« *vous aime, comme tous les miens vous*
« *aiment.* »

Bientôt, et comme par enchantement, on vit flotter à toutes les fenêtres de Paris des drapeaux blancs et des guirlandes de fleurs. Le soir, il y eut des illuminations spontanées et magnifiques, des distributions extraordinaires d'aumônes, des chants populaires et des bals. Dans tous les spectacles, on applaudit des cantates, des scènes allégoriques et des couplets inspirés par la circonstance. L'Académie royale de musique et le Théâtre-Français réunis donnèrent une représentation d'*Athalie*, avec les chœurs admirables de cet admirable chef-d'œuvre littéraire.

Le même jour, le comte d'Artois avait fait remettre 25,000 fr. à l'archevêque de Paris et une somme pareille au préfet de la Seine; cet argent devait être distribué aux pauvres, de la part du comte d'Artois et de la duchesse de Berry.

Trois jours après, le 2 octobre, une ordonnance royale annonçait un nouveau bienfait. Elle était conçue dans les termes suivants:

« Voulant marquer par des actes de bienfaisance l'époque de la naissance de notre bien aimé petit-neveu le duc de Bordeaux, et ayant particulièrement à cœur d'y faire participer les classes les moins heureuses de nos fidèles et loyaux sujets habitants notre bonne ville de Paris ;

. « Nous avons ordonné et ordonnons ce qui suit :

« ARTICLE Ier. — Une somme de 50,000 fr. sera remise par le trésor de notre couronne à la disposition d'une commission composée du préfet de la Seine et de trois membres du conseil des hospices, pour servir à acquitter les dettes contractées envers le bureau des nourrices par des pères et mères de notre bonne ville de Paris.

« ART. 2. — Les mois de nourrice de tous les enfants mâles nés le 29 septembre, dans notre bonne ville de Paris, de parents indigents, seront acquittés par notre trésorier de la couronne, dans la caisse des hospices.

« ART. 3. — Une somme de 200 fr. sera versée, par notre trésorier de la couronne, au nom de chacun desdits enfants, dans la caisse d'épargne et de prévoyance.

« ART. 4. — Une commission composée du préfet de police, du président du tribunal de première instance, du président du tribunal de commerce et trois membres du conseil spécial des prisons de Paris, dressera l'état de vingt prisonniers pour dettes détenus à Paris, qui, en raison de circonstances particulières, auraient le plus de titres à notre intérêt. Cet état nous sera présenté par notre garde des sceaux, ministre de la justice, et les détenus qui y seront portés, seront immédiatement libérés aux frais du trésor de notre couronne. »

Nous ne finirons pas ce chapitre sans examiner une question capitale qui a été soulevée par la duchesse d'Orléans, quelques moments après l'accouchement de la duchesse de Berry, et plus tard par Louis-Philippe lui-même dans les journaux anglais. Les émotions se pressent en foule sous notre plume; mais nous tâcherons de leur imposer silence, pour rester, ici comme dans la suite de cet opuscule, complétement étranger aux passions politiques. Seulement, il nous sera bien permis d'établir un fait d'autant plus important, qu'on avait intérêt à l'obscurcir par la calomnie, afin de justifier l'avénement de la branche cadette au trône de France.

C'est de l'histoire ancienne, si l'on veut, mais c'est de l'histoire qui doit être ramenée aux proportions de la vérité la plus stricte.

En entrant dans l'appartement de la duchesse de Berry, la duchesse d'Orléans avait laissé percer son dépit en faisant remarquer à sa belle-sœur que son accouchement avait eu lieu *sans témoins...* Le duc d'Orléans, qui assistait à cette entrevue, imita sa femme et proféra des paroles d'une brutale inconvenance. Forcé de réparer sa faute par une démarche que fit en son nom mademoiselle Adélaïde, il s'en vengea en publiant dans une feuille de Londres des détails scandaleux sur la naissance du duc de Bordeaux. C'est une turpitude qu'il nous est impossible de reproduire honnêtement, et qui avait pour but de prouver l'*illégitimité* du petit-neveu de Louis XVIII. Une sage-femme en démence n'inventerait rien de plus fangeux que cette pièce impure, où le cynisme le dispute à l'effronterie et au mensonge (1).

C'est de cette époque que datent des calomnies cent fois réfutées et cent fois remises en circulation.

On dit: *Il n'y avait pas de témoins.* — Mensonge ! Il y avait le maréchal Suchet ; il y avait le docteur Deneux ; il y avait quatre grenadiers du 4e bataillon de la 9e légion de la garde nationale, qui appartenaient à l'*opinion libérale* et se trouvaient au poste des Tuileries : MM. N.-V. aîné, négociant, rue de la Tixeranderie, n° 52 ; — A.-P. Paigné, pharmacien, lace Baudoyer, n° 1 ;—H.-L. Dauphinot, mployé, rue de Jouy, n° 8 ;—P.-A. Trioon-Sadony, négociant, place Royale, ° 26.

On dit encore : *Mais l'enfant fut détahé de sa mère avant l'arrivée des té-*

____

(1) Voir, entre autres ouvrages qui n'ont amais été démentis, l'*Histoire de dix ans.*

moins. — Autre calomnie! car la duchesse de Berry savait trop bien qu'il fallait que la naissance de son fils fût entourée de toute la publicité possible, pour permettre au docteur Deneux de trancher le précieux ligament sans que cette circonstance fût légitimement constatée. La déclaration des témoins est claire, nette, expresse, formelle sur ce point; elle ne peut pas être mise en doute; insérée au *Moniteur*, elle se trouve aussi transcrite sur les registres de la garde nationale de Paris, en sorte que, monument impérissable, elle survivra comme la vérité aux attaques des hommes de mauvaise foi ou des niais qui croient toujours facilement au mal.....

CHAPITRE II.

Le baptême du duc de Bordeaux fut célébré le 1er mai 1821, dans la majestueuse basilique de Notre-Dame de Paris. Le parrain du royal enfant était le roi de Naples, et la marraine, la princesse héréditaire de Naples, tous deux représentés par le duc et la duchesse d'Angoulême.

La ville de Paris offrit au roi une fête magnifique; le peuple et les pauvres ne furent pas oubliés.

De son côté, le peuple, qui n'est jamais ingrat lorsqu'on n'étouffe pas les expansions de son cœur, le peuple, disons-nous, n'avait pas attendu le baptême du prince pour lui prouver ses sentiments d'hommage et d'affection. Il y avait, aux environs de Blois et des bords de la Loire, un château jadis habité par les rois de France : c'était un splendide monument qui allait tomber sous le marteau démolisseur de la *bande noire*. Nous voulons parler du château de Chambord. On eut l'heureuse idée d'ouvrir une souscription nationale pour acheter ce château et l'offrir au duc de Bordeaux le jour même de son baptême. Il est inutile d'ajouter que la souscription fut complétée avec un élan tout extraordinaire : en quelques semaines, la France avait trouvé dans ses sympathies la somme de 1,542,000 fr., et le rejeton de Henri IV devenait le propriétaire de Chambord.

« L'éducation du duc de Bordeaux, dit un de ses biographes, commença de bonne heure. Dès quatre ans il savait lire. M. Barande, un des anciens élèves les plus distingués de l'École polytechnique, était directeur de ses études. MM. Colard et Lefranc étaient ses professeurs ordinaires ; M. d'Hardivillier lui enseigna le dessin. Ses progrès furent rapides. Plusieurs enfants lui avaient été adjoints comme compa-

gnons d'étude, et ils étaient absolument traités comme ses égaux. Il n'y avait là, pour le
prince, ni préférence, ni flatterie.

« On travaillait, dès sa plus tendre enfance,
à former son caractère. On ne lui passait aucune faute essentielle. Telle était la volonté
formelle de sa mère et de la famille royale. En
agissant autrement, on se serait attiré les plus
vifs reproches.

« Pour que le duc de Bordeaux devînt leste
et vigoureux, on lui fit suivre, tout jeune, un
cours de gymnastique, sous la direction de
M. le colonel Amoros. Les camarades qui suivaient ces leçons avec le prince, réunis à d'autres enfants, formaient un petit régiment que
l'on appelait le *Régiment de Bordeaux*, et dans
les grandes occasions, ils portaient l'uniforme
de l'infanterie de la garde. Le fils d'un ancien
militaire était tambour, et le duc de Bordeaux
aimait, par-dessus tout, à être le porte-drapeau (1).

En 1826, le jeune prince passa des
mains de sa gouvernante, Mme la duchesse

---

(1) *Vie populaire de Henri de France*, par
Théodore Muret, 3e édition, p. 34.

de Gontaut, dans celles de M. le duc Mathieu de Montmorency, qu'une mort prématurée enleva presque aussitôt aux honorables fonctions qui lui étaient confiées. M. de Montmorency fut remplacé par M. le duc de Rivière. Celui-ci mourut en 1828 et eut M. le baron de Damas pour successeur.

Le duc de Bordeaux avait huit ans environ, quand le roi Charles X songea sérieusement à fortifier l'éducation physique du jeune prince. C'est dans ce but qu'il chargea le brave de La Villatte de donner à cet enfant des habitudes *viriles* et d'en faire un *luron*, comme on dit dans le monde. La Villatte remplit parfaitement sa mission, en sorte que ceux qui, sur de faux bruits, croyaient le duc de Bordeaux chétif et malingre, étaient tout étonnés de le voir vif, léger, sautant, grimpant sur les chaises, montant dextrement sur une petite jument de Corse que lui avait donnée le général Dulong de Rosnay, et enfin, doué déjà d'une force merveilleuse.

Le 6 janvier 1830, il y avait grande fête aux Tuileries, comme tous les ans à pareille époque. C'était le jour des Rois, et il s'agissait de tirer le gâteau en famille.

Le duc et la duchesse d'Orléans s'y trouvaient.

Le gâteau des Rois fut coupé en quinze portions, et le duc d'Aumale, le plus jeune de l'assemblée, fut chargé de les distribuer aux convives.

La ronde terminée, chacun s'empresse de fouiller dans la part qui lui est échue par le sort. Le duc de Bordeaux était *roi de la fête !*

Celui-ci prend alors pour reine la duchesse d'Orléans et s'efforce jusqu'à la fin de faire honneur à sa royauté de circonstance.

Au moment de se lever de table, Charles X s'adresse à son petit-fils et lui dit :

— Dans quelques minutes, Sire, vous

aurez cessé de régner ; Votre Majesté n'a-t-elle pas d'ordre à me donner ?

— Oui, oui, bon papa, j'ai un ordre : je veux...

— Sire, en France, le roi dit : *nous voulons*.

— Eh bien ! *nous voulons* que notre gouverneur nous avance trois mois de notre pension.

— Trois mois d'avances, Sire, mais c'est énorme ! Et que ferez-vous de tant d'argent ?

— Ce n'est pas trop pour faire rebâtir la chaumière incendiée d'un brave soldat de votre garde.....

— Voilà qui est bien, Sire ; mais je m'en charge.

— Non pas.

— Et pourquoi donc ?

— Parce que si c'est vous, bon papa, ce ne sera pas moi.

— Et que ferez-vous sans argent pendant trois mois ?

— Je tâcherai d'en gagner par de *bons*

points. Vous me les payez toujours exactement, et j'ai fait mon calcul. Pourvu que je gagne onze francs, cela me suffit : dix francs pour la pauvre femme du bois de Boulogne qui a un petit enfant malade, et *vingt sous* pour faire le prince !

A ces mots, le roi embrassa son petit-fils avec effusion et s'écria : — *Heureuse France, si jamais il est roi !*

C'est dans ces sentiments de royale bienfaisance que l'on élevait celui dont nous donnons la biographie rapide, et, pour achever par quelques traits la peinture de cette éducation digne de nos éloges et d'un meilleur sort, nous aurions mille détails à raconter ; mais notre cadre restreint nous oblige à garder le silence sur des anecdotes enfantines qui révèlent l'homme et surtout le prince. Contentons-nous donc d'ajouter qu'une fois il fit un emprunt pour venir en aide à un village incendié de l'Auvergne, en disant : *Au lieu de penser à des joujoux, je penserai aux malheureux.* Ajoutons encore qu'il était le président de la Société de Saint-Joseph, composé d'enfants de familles riches qui consacraient l'argent de leurs menus plaisirs à payer l'apprentissage de jeunes ouvriers indigents ou orphelins; ajoutons enfin que la Saint-Henri, coïncidant avec la prise d'Alger, fut célébrée le 15 juillet 1830, avec cette largesse dont nous venons de donner une faible idée.

Mais quinze jours après, une révolution tramée depuis longtemps par des hommes ambitieux et ingrats, chassait sur la terre d'exil un enfant innocent de toute faute.....

Au bruit de la canonnade qui ensanglantait Paris, Charles X voulant mettre un terme aux scènes de carnage qui désolaient son cœur, nomma le duc d'Orléans *lieutenant-général du royaume.* Le lendemain, il écrivait à ce prince la lettre suivante :

« Rambouillet, 2 août 1830,

« Mon cousin, je suis trop profondément peiné des maux qui affligent ou qui pourraient menacer mes peuples, pour n'avoir pas cherché un moyen de les prévenir. J'ai donc pris la résolution d'abdiquer la couronne en faveur de mon petit-fils, le duc de Bordeaux.

« Le Dauphin, qui partage aussi mes sentiments, renonce aussi à ses droits en faveur de son neveu.

« Vous aurez donc, en votre qualité de lieutenant-général du royaume, à faire proclamer l'avénement de Henri V à la couronne. Vous prendrez d'ailleurs toutes les mesures qui vous concernent pour régler les formes du gouvernement pendant la minorité du nouveau Roi. Ici je me borne à faire connaître ces dispositions ; c'est un moyen d'éviter encore bien des maux.

« Vous communiquerez mes intentions au corps diplomatique, et vous me ferez connaître, le plus tôt possible, la proclamation par laquelle mon petit-fils sera reconnu roi sous le nom de Henri V.

« Je charge le lieutenant-général vicomte de Foissac-Latour de vous remettre cette lettre. Il a ordre de s'entendre avec vous pour les arrangements à prendre en faveur des personnes qui m'ont accompagné, ainsi que pour les arrangements convenables pour ce qui me concerne et le reste de ma famille.

« Nous règlerons ensuite les autres mesures qui seront la conséquence du changement de règne.

« Je vous renouvelle, mon cousin, l'assurance des sentiments avec lesquels je suis votre affectionné cousin,   « CHARLES. »

La signature du duc d'Angoulême était apposée au-dessous de celle du roi.

Le duc d'Orléans, qui avait dans le temps si fallacieusement promis de donner au duc de Bordeaux *toutes les preuves imaginables d'affection*, s'empressa d'annoncer à quelques pairs et à quelques députés la double abdication de Charles X et du duc d'Angoulême ; mais il se garda bien de mentionner la disposition relative au jeune prince....

En conséquence de cette *honorable* conduite, le duc d'Orléans se faisait pro—

clamer *roi des Français*, pendant que la famille royale s'embarquait à Cherbourg pour la terre étrangère !!!

Au moment de l'embarquement, M. Odilon-Barrot dit à Charles X en parlant du duc de Bordeaux :

« Sire, conservez bien cet enfant précieux,
« sur lequel reposent les destinées de la
« France. »

CHAPITRE III.

Depuis la Révolution de 1830 jusqu'à celle de 1848.

Charles X séjourna quelque temps à Lulworth, en Angleterre. C'est là qu'il apprit l'assassinat du vieux prince de Condé qui voulait quitter la France et annuler, en faveur du duc de Bordeaux, ruiné et proscrit, le testament qu'il avait fait d'abord en faveur du duc d'Aumale, l'un des enfants de Louis-Philippe. La fin tragique de ce vieillard ne lui permit point d'exécuter aucune de ces deux résolutions. Il y a plus : Il léguait par un codicille cent mille livres de rente aux enfants pauvres de ses anciens compagnons d'armes ; Louis-Philippe fit annuler cette disposition sous prétexte d'*immoralité*, parce que, disait-il, elle perpétuait le souvenir des discordes civiles !!!

De Lulworth, la famille royale ne tarda pas à se rendre à Édimbourg, où le roi d'Angleterre avait mis à la disposition de Charles X Holy-Rood, antique palais des monarques de l'Écosse.

C'est là que le comte de Chambord reprit ses études si brusquement interrompues par la révolution de 1830.

Il fit sa première communion le 2 février 1832. « Je veux, écrivait-il à ce « sujet, que toutes les personnes qui ont « prié pour moi à cette occasion, sache « que je ne les ai pas oubliées devant Dieu « dans ce beau jour. Si mes prières sont « exaucées, Dieu bénira la France. »

Le comte de Chambord fut bientôt aimé en Écosse, comme il l'avait été dans son pays. Bien que plus pauvre, il n'en était pas pour cela moins généreux, moins bienfaisant, moins prodigue de largesses. Tous les pauvres des environs d'Holy-Rood le bénissaient à l'envi.

Aussi, quand Charles X eut pris la résolution d'aller fixer sa résidence dans les États d'Autriche, ce fut à Édimbourg un vrai deuil général.

Les exilés se rendirent à Prague, capitale de la Bohême. Ils habitèrent le Hradschin, ancien palais des rois de la contrée, et, pendant l'été, un château nommé Buschtirhad et situé à quelques lieues de la ville.

Pendant près de quatre ans que les Bourbons séjournèrent dans ce pays, le comte de Chambord ne négligea aucune occasion de se former au physique et au moral, méprisant les flatteurs, soulageant l'indigence, pensant toujours au noble pays de ses aïeux, entourant le malheur de toutes les marques d'une profonde vénération, et profitant de l'exil pour devenir un homme de haute raison, d'expérience.

M. de Latour-Maubourg, l'une des gloires de la période napoléonienne, nommé son gouverneur vers le milieu de l'année

1833, compléta l'éducation de ce royal élève en développant en lui les sentiments chevaleresques de la bravoure française et les connaissances que doit posséder un militaire.

La famille impériale d'Autriche pouvait avoir besoin du palais de Prague : cette pensée de délicatesse détermina Charles X à se fixer à Goritz, dans les provinces illyriennes.

En passant à Budweiss, le comte de Chambord fut atteint d'une fièvre cérébrale qui le mit à deux doigts du tombeau ; heureusement l'art et la nature triomphèrent du mal. La convalescence fut longue, mais elle aboutit enfin à une santé plus parfaite que jamais.

A Goritz, un autre malheur attendait la famille royale. C'était le jour de la fête de l'ex-roi. Ce prince, attaqué par le choléra, succomba en quelques heures ; ses dernières paroles furent sublimes de résignation, et s'il pensa à ses ennemis,

ce fut pour leur pardonner et les bénir...
Il expira le 6 novembre 1836.

Afin de faire diversion à la douleur profonde que lui causa cet événement, et aussi pour s'instruire par la connaissance des hommes et des choses, le comte de Chambord résolut d'entreprendre quelques voyages. C'est ainsi qu'il visita la Transylvanie, puis la Hongrie dont il étudia les institutions politiques si remarquables, puis le royaume lombardo-vénitien, où il assista aux manœuvres du camp de Vérone; puis Rome, où le gouvernement pontifical lui fit le plus honorable accueil, en dépit des démarches de l'ambassadeur de Louis-Philippe.

Le comte de Chambord resta deux mois et demi à Rome, partageant son temps entre l'étude, la promenade et la réception des Français qui venaient lui rendre leur affectueux hommage. Un fils de Lucien lui avait offert sa maison de campagne; Henri préféra louer un simple hôtel.

De Rome, le comte de Chambord se rendit à Naples le 9 janvier 1840, accompagné de M. le comte de la Ferronnays. Il y fut reçu avec tous les hommages dus à son rang.

A Naples, comme dans tous les lieux qu'il avait visités, le prince fit d'utiles études sur les antiquités du pays, les curiosités naturelles, les établissements militaires et les manœuvres de l'armée. Avide de savoir, il ne laissait échapper aucune occasion d'agrandir sa noble intelligence.

Le comte de Chambord ne demeura que quelques semaines seulement à Naples ; mais, avant de regagner Goritz, il voulut passer une seconde fois à Rome et traverser Florence. Partout sa venue fut saluée avec des transports de respect et de sympathie ; tous, même les partisans de la révolution de juillet, éprouvaient de l'affection pour lui, rien qu'en le voyant. Le comte de Flahaut lui-même, person-

nage de la cour de Louis-Philippe, écrivit :
— « Le jour où j'ai vu le comte de Cham-
« bord à Saint-Pierre de Rome, j'ai été
« frappé de deux choses remarquables en
« sa personne : son air de grandeur et sa
« prédestination... »

Le 15 février, Henri quittait l'Italie et se retrouvait quelques jours après au sein de sa royale famille. Mais là, une nouvelle épreuve l'attendait et devait compléter son éducation. Il habitait alors le château de Kirchberg, résidence d'été à trente-six lieues de Vienne. Le 24 juillet 1841, le prince était parti, sur un cheval vigou-reux, pour visiter une fabrique de cristaux située du côté de Schrems, lorsqu'au mi-lieu de la route se rencontre une charrette de moissonneurs. Effrayé, le cheval se cabre, s'élève de toute sa hauteur, tombe et se relève enfin en prenant pour point d'appui la cuisse gauche du prince. On se précipite pour venir en aide au comte de Chambord ; il était trop tard ! la cuisse

était fracturée! — « Ce n'est qu'une jambe
« cassée, s'écrie Henri avec sang-froid, et
« le docteur me la remettra bien; mais
« c'est pourtant dommage que cela ne
« me soit pas arrivé sur un champ de ba-
« taille! »

La nouvelle de cet accident excita, en
France, un double sentiment : d'une part,
ce fut une sensation générale de doulou-
reux intérêt; de l'autre, dans la presse
des fonds secrets, une joie honteuse et
d'ignobles espérances; mais, grâce au ta-
lent du docteur Bougon et du docteur
Wattemann, de Vienne, grâce aux vœux
qui s'élevèrent vers le ciel du fond des
cœurs généreux et honnêtes, une guérison
complète vint, au bout de deux mois,
consoler tous les amis du royal malade.

Nos lecteurs verront avec plaisir les
couplets charmants que le *Bon Messager*
publia en mémoire de cette merveilleuse
guérison :

Air *du Premier pas.*

Il marche droit !
Oui, veillant sur sa vie,
C'est toujours Dieu dont la main s'aperçoit !
Déconcertant une exécrable envie,
Malgré Louvel encore inassouvie,
    Il marche droit ! (*Bis.*)

Il marche droit !
Sur ce lit de souffrance,
Les vils félons que chacun montre au doigt,
Avaient fondé leur dernière espérance.
Mais pour HENRI ne crains plus rien, ô France !
    Il marche droit ! (*Bis.*)

Il marche droit !
Loin de lui l'art infâme,
Où le trompeur n'est plus qu'un *hômme adroit ;*
Noble penser est le seul qui l'enflamme,
Et, le front haut, à tous montrant son âme,
    Il marche droit ! (*Bis.*)

Il marche droit !
Mais narguant les reproches,
Vous dont l'épargne à nos dépens s'accroît,
Vous chancelez sous le poids de vos poches ;
Allégez donc quelque peu vos sacoches,
    Pour marcher droit ! (*Bis.*)

Pour marcher droit,
Bâtards du Directoire,
Dans vos festins trop de honte se boit.
De vous jamais, oh! non, jamais l'histoire
Ne pourra dire : « Aux sentiers de la gloire,
« Ils marchaient droit! » (*Bis.*)

Ils marchaient droit
Les vrais fils d'Henri-Quatre!
Dans son chemin toujours l'honneur les voit.
Les coups du sort ne sauraient les abattre,
Et pour la France, alors qu'il faut combattre,
Ils marchent droit! (*Bis.*)

Dès l'année 1842, le comte de Chambord reprit le cours de ses voyages. Il alla d'abord admirer les immenses richesses artistiques de Munich et la marine de Venise.

L'année suivante, il visita la Saxe et Berlin qu'il ne connaissait pas encore. Il se rendit de cette dernière ville à Hambourg, où il s'embarqua pour la Grande-Bretagne.

Le comte de Chambord avait deux motifs pour entreprendre ce voyage : il voulait étudier les lois, les mœurs, les institutions, les établissements industriels de l'Angleterre, et mettre le plus grand nombre possible de Français à même de l'apprécier et de le juger. Ce double but, il l'atteignit : depuis Edimbourg jusqu'à Londres, rien n'échappa aux regards du prince observateur ; à Londres, des milliers de Français l'attendaient et le reçurent à bras ouvert : Châteaubriand était à la tête des nobles visiteurs de l'exilé. Le comte de Chambord étreignit dans ses bras l'illustre vieillard. Ce fut une scène d'inexprimable émotion.

Partout, dans la France, il se fit des cotisations, dans la classe ouvrière, afin d'envoyer à Londres des travailleurs et des artisans saluer le digne rejeton de Henri IV.

Une foule de hauts personnages qui remplissaient en France des fonctions publiques s'empressèrent aussi d'aller rendre visite au comte de Chambord ; Louis-Philippe les punit en les destituant.

Il y eut aussi des députés qui, fidèles au culte de la reconnaissance et des souvenirs, firent le voyage de Londres ; ils méritèrent, à la Chambre, l'honorable épithète de *Flétris...*

« Pendant le temps que M. de Chateaubriand
« passa à Londres, dit un historien, Henri ve-
« nait, tous les matins, s'asseoir familièrement
« sur le lit de celui qu'il appelait son *cher malade*,
« et multipliait ainsi les moments où il pouvait
« s'entretenir avec lui des intérêts de sa patrie.
« C'est dans le même but que Henri sortait
« chaque jour, seul dans sa voiture avec M. de
« Chateaubriand. Ces entretiens laissaient à
« l'homme d'État qui comprenait si bien notre
« époque et qui sut toujours si admirablement
« allier les idées de vraie monarchie et celle de
« vraie liberté, la plus vive admiration pour la
« haute intelligence, pour les grandes vues du
« jeune prince dont la pensée se résume dans
« ces mots écrits par lui : Je veux la France
« heureuse, libre, forte et fière. »

Cependant le prince reçut de Goritz

des nouvelles inquiétantes sur la santé du duc d'Angoulême, son oncle (*le comte de Marnes*). Il se hâta donc de retourner dans sa famille, et arriva à Goritz le 24 janvier 1844.

La joie qu'éprouva le comte de Marnes en revoyant son neveu fit croire un instant à une guérison prochaine ; mais l'amélioration ne fut que passagère, et le 3 juin suivant, le duc d'Angoulême allait rejoindre Charles X dans la tombe.

C'est alors que le comte de Chambord adressa aux cours étrangères la notification suivante qui parut dans le *Journal des Débats :*

« Devenu, par la mort de M. le comte de Marnes, chef de la maison de Bourbon, je regarde comme un devoir de protester contre le changement qui a été introduit dans l'ordre légitime de succession à la couronne, et de déclarer que je ne renoncerai jamais aux droits que, d'après les anciennes lois françaises, je tiens de ma naissance.

« Ces droits sont liés à de grands devoirs,

qu'avec la grâce de Dieu je saurai remplir; toutefois, je ne veux les exercer que lorsque, dans ma conviction, la Providence m'appellera à être véritablement utile à la France.

« Jusqu'à cette époque, mon intention est de ne prendre, dans l'exil où je suis forcé de vivre, que le nom de comte de Chambord; c'est celui que j'ai adopté en sortant de France; je désire le conserver dans mes relations avec les cours. »

Le 10 novembre 1845, le comte de Chambord eut le bonheur de voir célébrer, à Frohsdorff le mariage de son aimable et vertueuse sœur avec le prince héréditaire de Lucques. Ce fut le premier jour de fête qui vint sourire à l'auguste famille après tant d'années d'exil. Une somme de douze mille francs fut envoyée aux pauvres de Paris de la part de la princesse.

L'année suivante, et presque jour pour jour (16 novembre), un autre mariage unissait dans les mêmes destinées le comte de Chambord à la princesse Marie-Thérèse, archiduchesse d'Autriche et fille de

François IV, duc de Modène. Le prince
eût été assis sur le trône de France, qu'il
n'aurait pu ambitionner une main plus
illustre : son épouse, qui sera un jour
l'une des plus riches de l'Europe, possède
tout à la fois et la majesté qui impose et
la grâce qui attire ; sa taille est svelte,
élégante ; sa physionomie respire la grâce
et une finesse peu commune.

Il est inutile de dire que cette union fut
encore, pour la France, une source de
bienfaits... En effet, le comte de Chambord envoya une somme de quarante mille
francs avec une lettre qu'il adressa au
marquis de Pastoret et dont voici le con-
tenu :

« Frohsdorff, 50 octobre 1846.

« Monsieur le marquis de Pastoret, vous sa-
vez que c'est surtout par des secours distribués
aux classes indigentes, que je désire marquer
l'heureuse époque de mon mariage et remer-
cier la divine Providence d'avoir écarté les ob-
stacles qui s'y étaient opposés jusqu'ici. Quoi-

que forcé de vivre sur la terre étrangère, je ne puis jamais être indifférent et insensible aux maux de la patrie. En pensant à la cherté des subsistances et aux justes craintes qu'elle inspire pour la saison rigoureuse où nous allons entrer, j'ai cherché comment je pourrais contribuer au soulagement de la misère publique. Il m'a paru que le meilleur emploi à faire des sommes dont je puis disposer, c'est de les consacrer à établir à Chambord, et dans les forêts qui nous appartiennent encore, des ateliers de charité qui, offrant aux habitants pauvres de ces contrées un travail assuré pendant l'hiver prochain, leur fournissent les moyens de pourvoir à leurs besoins et à ceux de leur famille. Je vous charge donc de prendre les mesures nécessaires pour l'exécution d'un projet que j'aimerais à voir s'étendre à la France entière. Pour moi, je me féliciterai, du moins, d'avoir pu adoucir le sort de Français malheureux qui, par leur position particulière, ont encore plus de titres à mon intérêt.

« Je vous renouvelle, Monsieur le marquis de Pastoret, l'assurance de toute mon estime et de mon affection,

« HENRI. »

CHAPITRE IV.

Depuis la Révolution de 1848.

Un peu plus d'un an après le mariage du comte de Chambord, Louis-Philippe tombait, parce qu'*il était mal assis.*

Comme en 1830, trois jours suffirent pour renverser en 1848 celui qui s'était entouré d'une redoutable ceinture de fortifications.

Louis-Philippe avait renversé Charles X par des barricades; des barricades le renversèrent à son tour.

Charles X était allé en exil avec son petit-fils le duc de Bordeaux; Louis-Philippe prit la fuite avec son petit-fils le comte de Paris.

L'un et l'autre avaient abdiqué; à l'un

et à l'autre il fut répondu : Il est trop tard !!!

Si l'on ne voit pas dans ces événements *le doigt de Dieu,* — qu'est-ce donc ?

Pour le comte de Chambord, il n'eut, en apprenant la catastrophe de 1848, qu'une seule préoccupation : la patrie pouvait se sauver par la République !

On a fait circuler mille bruits étranges sur la conduite du prince depuis cette époque ; et aussi, disons-le, quelques amis imprudents ont mal servi sa cause.

La lettre suivante, adressée par le comte de Chambord à l'un de ses amis, en dira plus que toutes les justifications possibles ; elle sera, en même temps, la conclusion naturelle de cet opuscule :

Frohsdorff, le 1er juin 1848.

« Je viens, Monsieur, de lire la prétendue lettre adressée par moi au président de l'Assemblée nationale, imprimée et publiée à Paris, le 18 mai dernier. Je sais aussi qu'il a été répandu plusieurs autres lettres qui tendraient à faire croire que j'ai renoncé au doux espoir de *revoir* ma chère patrie. Aucune de ces lettres n'est de moi.

« Ce qu'il y a de vrai, c'est mon amour pour la France, c'est le sentiment profond que j'ai de ses droits, de ses intérêts, de ses besoins dans les temps actuels; c'est la disposition où je suis de me dévouer tout entier, de me sacrifier à elle, si la Providence me juge digne de cette noble et sainte mission.

« Français avant tout, je n'ai jamais souffert, je ne souffrirai jamais que mon nom soit prononcé lorsqu'il ne pourrait être qu'une cause de division et de trouble. Mais si les espérances du pays sont encore une fois trompées, si la France, lasse enfin de toutes ces expériences qui n'aboutissent qu'à la tenir perpétuellement suspendue sur un abîme, tourne vers moi ses regards et prononce elle-même mon nom comme un gage de sécurité et de salut, comme la garantie véritable des droits et de la liberté de tous, qu'elle se souvienne alors que mon bras, que mon cœur, que ma vie, que tout est à elle, et qu'elle peut toujours compter sur moi.

« Je vous renouvelle, Monsieur, l'assurance
de toute mon affection,

« HENRI. »

—

TABLE DES MATIÈRES.

Paris. — Typ. de H. V. de Surcy et Cie, rue de Sèvres, 57.